Dieses Buch
gehört:

....

Nach den Klassikern von Axel Scheffler und Julia Donaldson:
*Der Grüffelo · Das Grüffelokind · Für Hund und Katz ist auch noch Platz ·
Die Schnecke und der Buckelwal · Riese Rick macht sich schick · Mein Haus ist zu
eng und zu klein · Wo ist Mami? · Das Lieblingsbuch von Benni Stern*

Dieses Buch ist erhältlich als:
ISBN 978-3-407-75889-7 Print

© 2024 Beltz & Gelberg
in der Verlagsgruppe Beltz · Weinheim Basel
Werderstraße 10, 69469 Weinheim
Alle deutschsprachigen Rechte vorbehalten
Die Originalausgabe erschien 2023 u. d. T.
Axel Scheffler's *How to draw the Gruffalo and friends*
bei Macmillan Children's Books an imprint of Pan Macmillan
Bilder © Axel Scheffler 1993, 1999, 2000, 2001, 2002, 2003, 2004, 2005
Text © Julia Donaldson 1993, 1999, 2000, 2001, 2002 2003, 2004, 2005
Aus dem Englischen von Maren Illinger
Die Übersetzerinnen und Übersetzer der Bilderbücher:
Monika Osberghaus (*Der Grüffelo, Das Grüffelokind, Das Lieblingsbuch von Benni Stern*),
Mirjam Pressler (*Für Hund und Katz ist auch noch Platz, Die Schnecke und der Buckelwal*),
Susanne Koppe (*Riese Rick macht sich schick*), Salah Naoura (*Mein Haus ist zu eng und zu klein*),
Bernhard Lassahn (*Wo ist Mami?*)
Printed in China
1 2 3 4 5 6   28 27 26 25 24

Weitere Informationen zu unseren Autor:innen und Titeln
finden Sie unter www.beltz.de

Axel Scheffler

ZEICHNE MAL

den GRÜFFELO

und seine Freunde

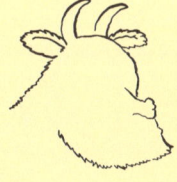

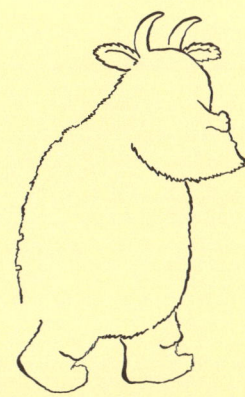

BELTZ
& Gelberg

Hallo!

Ich heiße *Axel Scheffler* und ich bin Kinder-buchillustrator. Einige meiner bekannteren Bilderbücher hat Julia Donaldson geschrieben, zum Beispiel *Der Grüffelo*, *Für Hund und Katz ist auch noch Platz*, und viele andere. Kinder auf der ganzen Welt haben sie gelesen.

Welche dieser Bilderbuch-Figuren kennst du schon?

Na, du? Bist du auch ein Illustrator?

Ich habe schon als Kind gerne gezeichnet. Aber erst als ich als junger Mann nach England kam und auf die Kunsthochschule ging, wurde mir klar, dass ich Illustrator werden wollte. Ich habe ziemlich schnell herausgefunden, dass ich am liebsten Kinderbücher illustriere.

Heute arbeite ich als Illustrator. Mein Zeichentisch – in meinem Atelier unterm Dach – ist voller Bunt- und Filzstifte, Wasserfarben, Papier und vieler anderer Dinge, mit denen ich die Geschichten lebendig werden lasse.

Wo malst du am liebsten?

Über dieses Buch

Es gibt in diesem Buch acht Teile:

DER GRÜFFELO
Seite 8–21

DAS GRÜFFELOKIND
Seite 22–31

Für Hund und Katz ist auch noch Platz
Seite 32–43

Die Schnecke und der Buckelwal
Seite 44–53

RIESE RICK macht sich schick
Seite 54–65

Mein Haus ist zu eng und zu klein
Seite 66–73

Wo ist Mami?
Seite 74–81

Das Lieblingsbuch von Benni Stern
Seite 82–93

In jedem Teil findest du nie zuvor gezeigte Skizzen, Aufgaben zum Zeichnen und Ausmalen und gut verständliche Anleitungen, wie du die Figuren aus den einzelnen Büchern zeichnest.

Mein Zeichenstil ist eher frei. Ich zeichne diese Figuren schon seit vielen Jahren und folge dabei keiner festen Methode. In diesem Buch habe ich für jede Figur eine Schritt-für-Schritt-Anleitung entwickelt.

Wenn du dieses Bild siehst, findest du dort immer wichtige Tipps von mir – zum Beispiel zu Gesichtsausdrücken oder zur Farbauswahl.

Beim Illustrieren von Bilderbüchern probiere ich immer gerne etwas Neues aus und benutze alle möglichen Materialien:

- Wasserfarben
- Buntstifte
- Zeichenfeder und Tusche
- Filzstifte

Womit kannst du am besten zeichnen?

DER GRÜFFELO

Der Grüffelo war mein zweites
Bilderbuch mit Julia Donaldson
und ist sicher das berühmteste.
Es erschien 1999. Anfangs hatte ich
Schwierigkeiten, mir vorzustellen,
wie der Grüffelo aussehen sollte.

Hier sind einige meiner ersten
Entwürfe ...

Ganz schön gruselig, was?

Kannst du diese Grüffelos bunt anmalen? Versuche es doch mal mit anderen Farben für Fell, Hörner und Stacheln. Sieht der Grüffelo mit diesen Farben gruselig, lustig oder albern aus?

welche Farben wählst du?

9

Die Bilder unten zeigen dir Schritt für Schritt, wie du den Grüffelo zeichnest. Fahre die grauen Linien nach.

1 Beginne mit den Hörnern. Die sitzen oben auf dem Kopf, also sollte darunter ausreichend Platz sein.

2 Als Nächstes kommen die beiden Ohren. Dann die Linie für den Hinterkopf.

Tipp!

Wenn du den Umriss des Körpers mit Zickzacklinien zeichnest, sieht dein Grüffelo gleich viel zotteliger aus.

3 Und jetzt der Kopf. Der ist ganz schön knifflig! Gib ihm eine warzige Nase, ein kräftiges Kinn und einen langen, ausladenden Kiefer.

4 Zeichne dann den Rücken und den runden Bauch. Lass eine Lücke für die Beine.

5 Jetzt kommen die knotigen Knie. Zeichne sie etwas versetzt, sodass es aussieht, als würde der Grüffelo laufen.

6 Dann zeichne die unteren Teile der Beine und Füße. Die sehen ein bisschen wie Wollsocken aus. Lass eine Lücke für den Schwanz.

7 Füge noch den geschwungenen Schwanz mit einer buschigen Spitze hinzu.

8 Jetzt sind die Arme dran. Lass genug Platz für die Tatzen.

9 Nun zeichne die Tatzen. Lass einen Finger ausgestreckt, als würde der Grüffelo »Psst!« machen.

10 Jetzt hast du die Grundform und kannst Details wie die Klauen und die Stacheln auf dem Rücken hinzufügen.

11 Zeichne Augenbrauen und Augen. Und ein Büschel Haare zwischen die Hörner.

12 Und jetzt noch ein breites Grinsen!
Dann füge einen großen Hauer und
ein paar quadratische Zähne hinzu.

13 Und als Letztes Fell und Barthaare.
Fertig!

Übung macht den Meister

Je nachdem, wie du Augen und Augenbrauen
zeichnest, kannst du dem Grüffelo ganz
unterschiedliche Gesichtsausdrücke geben.

besorgt

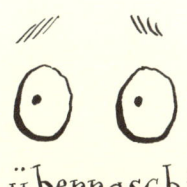

überrascht

wütend

traurig

In der Geschichte hat der Grüffelo orangefarbene
Augen, lila Stacheln und eine grüne Warze. Aber du
kannst ihn natürlich anmalen, wie du willst!

Tipp!
Fahre die Umrisse
nach dem Ausmalen
noch mal mit einem
schwarzen Filzstift
nach.

Hier zum Üben noch einmal der ganze Grüffelo. Du kannst die Linien nachfahren.

Die kleinen Bilder zeigen
dir noch einmal die einzelnen
Schritte.

Und jetzt bist du dran! Die Abbildungen unten helfen dir.
Oder du blätterst einfach noch mal zurück. Die Hörner sind schon vorgezeichnet.

Der Grüffelo trifft im Wald die kleine Maus.
Die Bilder unten zeigen dir Schritt für Schritt, wie du die Maus
zeichnest. Fahre die grauen Linien nach!

1 Zuerst kommt das Ohr der Maus, es sieht aus wie ein C. Lass viel Platz drum herum für den Körper.

2 Jetzt bekommt die Maus ein Gesicht. Zeichne eine lange, eher flache Schnauze und eine große, geschwungene Nase.

3 Setze den Schwung der Nase fort und zeichne den Mund. Jetzt noch die Umrisslinie für das Kinn.

4 Jetzt bekommt die Maus noch ein zweites Ohr: Zeichne dafür eine Linie hinter das vordere Ohr.

5 Zeichne dann Bauch, Hals und Rücken und lass eine Lücke für ein Bein und einen Arm.

6 Jetzt sind die Arme dran. Zeichne einen Arm dorthin, wo du die Lücke gelassen hast, den anderen auf die andere Seite.

7 Dann zeichne der Maus kleine Hände. Sie müssen nicht besonders ordentlich gezeichnet sein.

8 Zeichne Beine, Pfoten und Zehen. Ein Bein kommt dorthin, wo du die Lücke gelassen hast.

9 Jetzt hast du die Grundform der Maus und kannst den Rest hinzufügen: den langen, geschwungenen Schwanz, den du schraffieren kannst …

10 … und zum Schluss Auge, Augenbraue, Nase und drei Barthaare auf jeder Seite.

Übung macht den Meister

Auch die Maus kannst du unterschiedlich zeichnen, damit man sieht, wie sie sich fühlt.

Tipp!
Keine Sorge, wenn deine Zeichnung ein bisschen wackelig ist. Dann sieht sie aus wie meine!

besorgt

zufrieden

glücklich

erschrocken

Im Buch ist die Maus hellbraun und hat einen weißen Bauch, einen rosa Schwanz und rosa Ohren. Wie sieht deine Maus aus?

Jetzt zeichne deine eigene Maus. Die einzelnen Schritte unten helfen dir, oder du blätterst noch mal zurück. Das Ohr ist schon vorgezeichnet!

Guckt deine Maus glücklich oder erschrocken?

Wer versteckt sich im tiefen, dunklen Wald?

Ich habe viele verschiedene Körper, Haltungen und Gesichter ausprobiert, bevor ich mit dem Grüffelo zufrieden war. Wie hätte er wohl mit einem Schnabel oder mit nur einem Auge ausgesehen?

Denk dir ein eigenes einzigartiges Wesen aus, das die Maus im Wald trifft. Lass deiner Fantasie freien Lauf oder kombiniere diese Ideen hier:

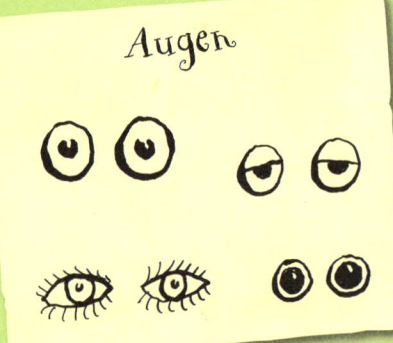

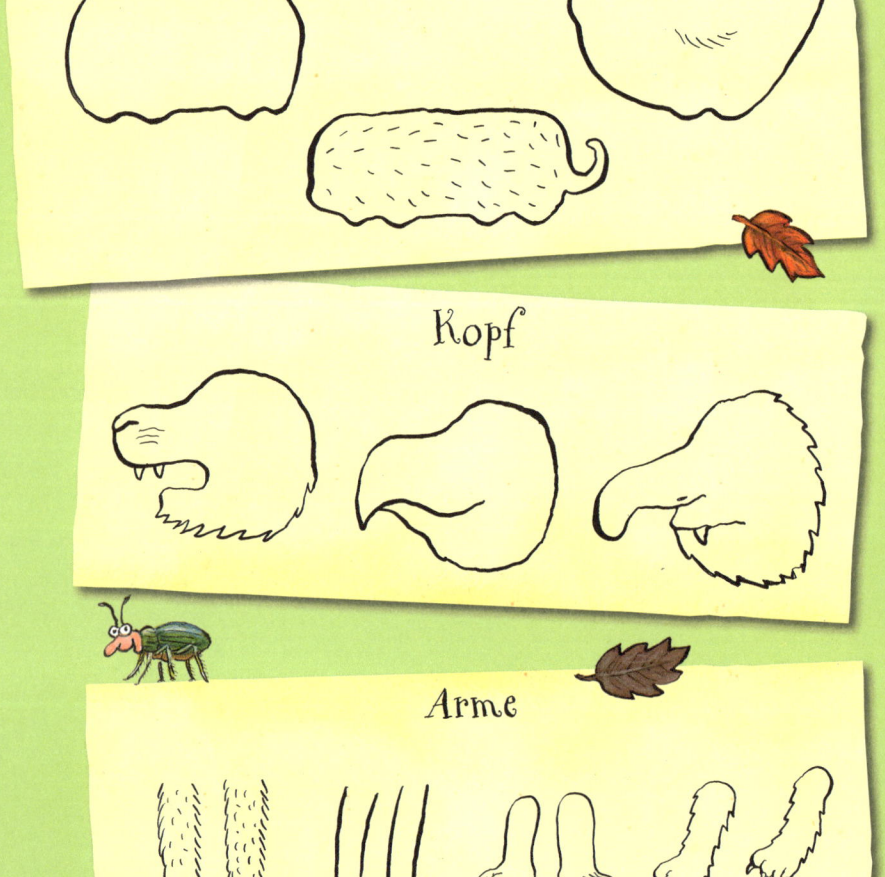

Und hier ist Platz für dein Ungeheuer:

Tipp!

Es gibt kein Richtig oder Falsch, wie du dein Ungeheuer zeichnest. Vielleicht trägt es Hosen? Oder es hat regenbogenbuntes Fell und Flügel? Viel Spaß!

DAS GRÜFFELOKIND

Als ich die Geschichte zum ersten Mal las, habe ich darüber nachgedacht, ob der Grüffelo vielleicht mehr als ein Kind hat. Stell dir mal die überfüllte Grüffelohöhle vor!

Dann habe ich mir überlegt, wie ein Grüffelo wohl als Kind ausgesehen haben mag. Was unterscheidet Kinder von Erwachsenen? Und nach welcher Logik kann ich das hier umsetzen? Knotige Knie und Warzen zum Beispiel wachsen bestimmt erst später. Außerdem hat das Grüffelokind eine viel kleinere Nase, einen kleinen, runden Bauch und kleinere Hörner und Stacheln, damit es ganz klein aussieht.

Meine erste Skizze vom Grüffelokind sah noch ganz anders aus. Findest du die Skizze auf der nächsten Seite?

So viele kleine Grüffelos habe ich noch nie gesehen!

Die Bilder unten zeigen dir Schritt für Schritt, wie du das Grüffelokind zeichnest. Fahre die grauen Linien nach.

1 Beginne mit den Hörnern. Füge ein Büschel Haare hinzu. Lass ausreichend Platz für den Körper.

2 Als Nächstes zeichne zwei große, flauschige Ohren rechts und links neben die Hörner. Die Ohren sollten etwa oval sein.

3 Jetzt kommen die Augen, setze sie ungefähr unter die Hörner.

Tipp!
Zeichne den Umriss mit vielen kurzen Linien, damit das Grüffelokind schön wuschelig aussieht.

4 Zeichne das Gesicht in Form eines großen C. Dann füge Nase, Mund und Zähne hinzu.

5 Gib dem Grüffelokind einen runden Bauch und zeichne eine gestrichelte Linie für den Hinterkopf.

6 Zeichne die Arme. Der Arm links hat die Form eines langen Rechtecks. Der Arm rechts ist wie ein auf der Seite liegendes V angewinkelt.

7 Dann zeichne die Füße. Sie sehen ein bisschen wie Socken aus. Zeichne sie versetzt, dann sieht es so aus, als würde das Grüffelokind laufen.

8 Zum Spielen bekommt das Grüffelokind noch einen Stockmann. Zeichne lange, gerade Linien und vergiss nicht, dem Stock ein Gesicht zu zeichnen!

9 Der Schwanz ist schwierig! Zeichne mit zwei Linien den Ringelschwanz und füge das buschige Ende hinzu.

10 Jetzt hast du die Grundform und kannst Einzelheiten hinzufügen, zum Beispiel die Klauen an Fingern und Zehen.

11 Zuletzt fügst du Barthaare hinzu und kleine Striche ins Fell, damit das Grüffelokind pelzig aussieht. Lass den Bauch frei.

Hier ist Platz für dein Grüffelokind. Die Bilder unten helfen dir, aber du kannst auch zurückblättern. Die Hörner sind schon vorgezeichnet.

Winter im Grüffelowald

Die Geschichte vom Grüffelokind spielt im Winter, deshalb ist auf den Bildern viel weißer Schnee zu sehen. Ich habe Dinge wie einen Schnee-Grüffelo dazu gezeichnet, damit alles etwas lebendiger wird.

Wie sehen deine Schnee-Grüffelos aus? Zeichne etwas Buntes dazu.

Tipp!
Vielleicht tragen deine Schnee-Grüffelos dicke Mützen und bunte Schals, oder haben sie vielleicht lustige Gemüsegesichter?

Jetzt fehlen noch die Schneeflocken. Du kannst diese Vorlagen abzeichnen oder dir eigene ausdenken.

Die große, böse Maus

Oft werden die Figuren in einer Geschichte genau beschrieben, sodass man sie sich gut vorstellen kann. Hier ist die Beschreibung der großen, bösen Maus, vor der das Grüffelokind sich fürchtet:

*»Schrecklich stark ist die große, böse Maus
und schwingt sie den Schwanz, dann ist es aus.
Ihre Augen können wie Feuer blitzen
und auf den Barthaaren können Vögel sitzen.«*

Vervollständige die Sätze und beschreibe die große, böse Maus mit eigenen Worten. Du kannst Wörter aus der Liste auswählen oder dir eigene ausdenken.

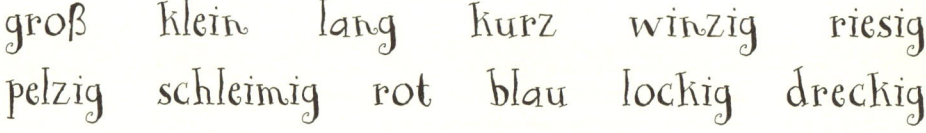

groß   klein   lang   kurz   winzig   riesig
pelzig   schleimig   rot   blau   lockig   dreckig

Die große, böse Maus
hat _____ Augen.

Die große, böse Maus
hat _____ Ohren.

Die große, böse Maus
hat _____ Fell.

Die große, böse Maus hat
einen _____ Schwanz.

Die große, böse Maus
hat _____ Barthaare.

Hier ist Platz für deine große, böse Maus:

Ist deine große, böse Maus furchterregend oder weniger furchterregend als die im Buch?

Für Hund und Katz ist auch noch Platz

Ich habe bei diesem Buch lange herumprobiert und viele Skizzen gemacht, bevor mir die Figuren aus diesem Buch gelungen sind! Die Hexe hat sich am meisten verändert.

Die hier hat noch keinen Umhang.

Die hier ist sehr adrett.

Diese hat keine Warze.

Auch beim Himmel habe ich viele Versuche gemacht,
damit er stimmt. Schau dir die Bilder genau an.
Findest du noch weitere Unterschiede?

Lass dir Zeit.

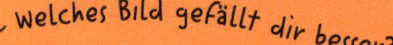

welches Bild gefällt dir besser?

Die Bilder unten zeigen dir Schritt für Schritt, wie die Hexe gezeichnet wird. Fahre die grauen Linien nach.

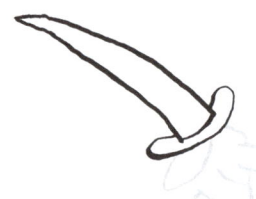

1 Beginne mit dem Hut: groß und spitz, mit einer breiten Krempe. Lass ausreichend Platz für den Körper.

2 Zeichne die Haare, die lange, warzige Nase und das spitze Kinn. Vergiss nicht das Lächeln!

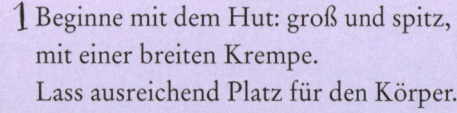

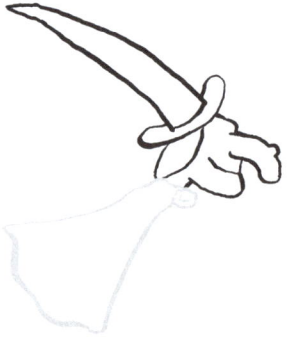

Tipp!

Setze den Umhang direkt am Hals an, damit es so aussieht, als ob die Hexe fliegt.

3 Jetzt kommt der Umhang. Er hat die Form eines Dreiecks. Zeichne die Brosche dazu. In der Mitte ist ein kleiner Strich.

4 Dann zeichne Arme und Oberkörper.
Der linke Arm ist eine gerade Linie –
das ist der Ärmel.

5 Und jetzt den Rock. Du kannst am Saum
viele dreieckige Rüschen zeichnen. Es
darf ruhig schön wild aussehen!

6 Füge Knöchel und Schuhe hinzu.
Die Hexe trägt spitze Stiefel mit Absätzen.
Vergiss nicht die Schnürsenkel.

7 Jetzt die Details: Zeichne unter den
Ärmel aus Bild 4 eine Hand mit
Zauberstab.

8 Als Nächstes zeichnest du den Henkel vom Hexenkessel. Dann ein Oval für den Kesselrand.

9 Nun kommt der runde Kessel dazu. Dann kurze Füße, auf denen der Kessel stehen kann.

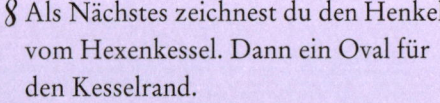

10 Jetzt zeichne den Besenstiel. Er sollte so unter dem Rock durchgehen, als würde die Hexe darauf sitzen.

11 Und schließlich noch der Reisig am Besen. Denk an die Schnur zum Festbinden.

12 Aus vielen kleinen Kreisen wird ein Hexenzopf. Hinzu kommen noch eine Schleife und das fransige Ende.

13 Zum Schluss bekommt die Hexe noch Augen - und vielleicht noch ein paar Tupfen auf dem Rock?

Übung macht den Meister

Bei deiner Hexe kannst du auch die Haltung ihres Arms ändern und ihr den Zauberstab so in die Hand geben, als würde sie gerade zaubern.

Platz auf dem Besenstiel

Zeichne den Besen schön lang, damit die Freunde der Hexe auch noch Platz haben.

Hier kannst du die Hexe nachzeichnen. Fahre die grauen Linien nach.

Und jetzt zeichne deine eigene Hexe. Nimm die Bilder unten zur Hilfe oder blättere zurück. Der Hut ist schon vorgezeichnet.

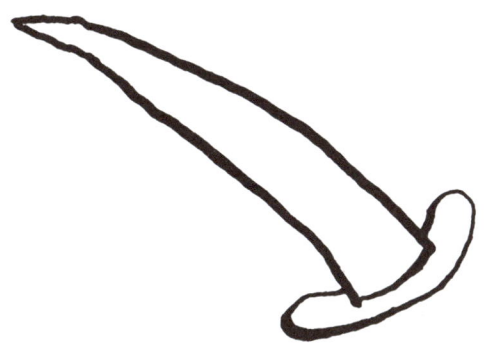

Der Hexenzauberstab

Meine Hexe hat einen Zauberstab mit einem gestreiften Griff und einem Stern an der Spitze. Aber Zauberstäbe können natürlich auch ganz anders aussehen!

Zeichne hier deinen eigenen Zauberstab und male ihn aus.

Tipp!
Du kannst viele kleine Sterne zeichnen, die aus der Spitze herauskommen. Dann sieht es aus, als würde der Stab zaubern!

Der perfekte Zaubertrank

Beim Zaubertrank, fand ich wichtig, dass alle Zutaten aus der Umgebung stammen.

Findest du die Zutaten, die Hund, Katze, Vogel und Frosch in den Hexenkessel werfen?

Knochen   Zapfen   Zweig   Blume

Welche Zutaten würdest du nehmen? Zeichne sie in den Kessel.

Ein supertoller Besenstiel

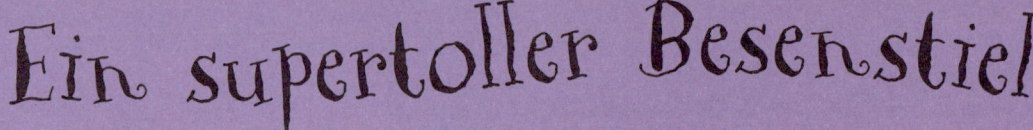

Den Besenstiel zu zeichnen hat mir großen Spaß gemacht! Im englischen Original werden die Sitze und die Dusche im Text erwähnt, aber ich habe noch alles Mögliche dazuerfunden, wie die Scheinwerfer und das Milchglas für die Katze.

Also, DAS ist wirklich ein supertoller Besenstiel!

Und jetzt überleg mal, was für einen Besen du gerne hättest. Einen mit Eismaschine, einem gemütlichen Sessel oder einem Turbomotor? Zeichne deinen Besen und male ihn an!

Die Schnecke und der Buckelwal

Eine besondere Herausforderung bei diesem Bilderbuch waren die Größenverhältnisse. Eine Schnecke ist winzig und ein Wal riesengroß! Zuerst habe ich mir Fotos von echten Schnecken und Walen angesehen und die unverwechselbaren Merkmale der Tiere herausgesucht.

Zwei Fühler

Spitzes Schneckenhaus

Flacher Körper

Blasloch

Bucklige Nase

Gestreifter Bauch

Guck dir die Fotos an. Welche Merkmale von Schnecken und Walen kommen auch in den Zeichnungen vor?

Finne

Langer Schwanz

Flosse

Mal die Schnecke und den Wal aus – wie auf den Fotos oder auch ganz anders!

Hier siehst du Schritt für Schritt, wie die Schnecke gezeichnet wird.
Fahre die grauen Linien nach.

1 Beginne mit dem spitzen, hohen
Schneckenhaus. Mit Zickzacklinien
wirkt es kantiger.

2 Dann kommt der Schneckenkörper.
Die untere Linie kannst du etwas
dicker zeichnen.

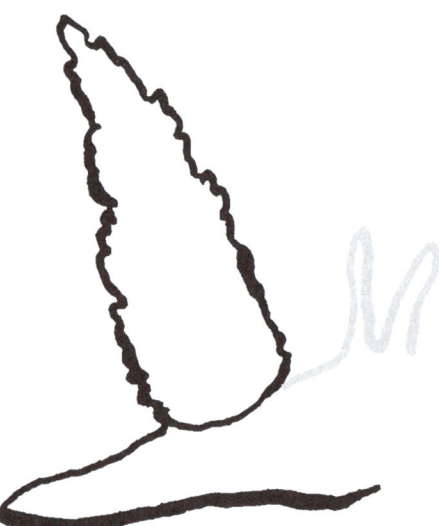

3 Jetzt zeichnest du den Schneckenkopf:
eine kurze Linie rechts vom
Schneckenhaus und zwei Fühler.

4 Zuletzt bekommt die Schnecke ein
Gesicht und einen Mund.

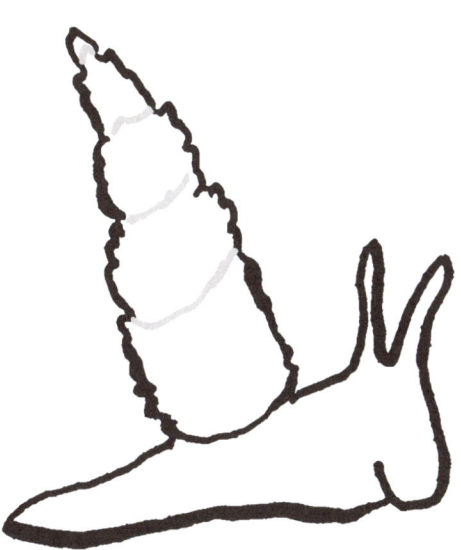

5 Unterteile das Schneckenhaus mit waagerechten Linien. Die einzelnen Teile sollten nach oben hin kleiner werden.

6 Jetzt kannst du kleine, hubbelige Striche hinzufügen, damit das Schneckenhaus Struktur bekommt.

7 Zum Schluss bekommt die Schnecke noch ein Auge. Durch die Position der Pupille bestimmst du, wohin sie schaut.

Tipp!
Wenn du das Schnecken-
auge schön groß malst,
kann man es auch bei
einer kleinen Zeichnung
gut erkennen.

Und jetzt zum Wal – die Schritte unten zeigen dir, wie du ihn zeichnest. Fahre auch hier die grauen Linien nach.

1 Beginne mit zwei Linien, die aufeinander zulaufen, um die Flosse zu zeichnen. Die obere Linie zeichnest du zum Ende hin etwas zickzackförmig.

2 Eine leicht geschwungene Linie bildet den Bauch. Die Enden sollten etwa auf einer Höhe liegen. Füge einen Buckel hinzu, wo das Kinn sein wird.

3 Dann zeichne eine geschwungene Linie für den Rücken, kleine Höcker an der Nase und einen größeren Buckel am Rücken. Die Finne sollte weiter hinten liegen als die Flosse.

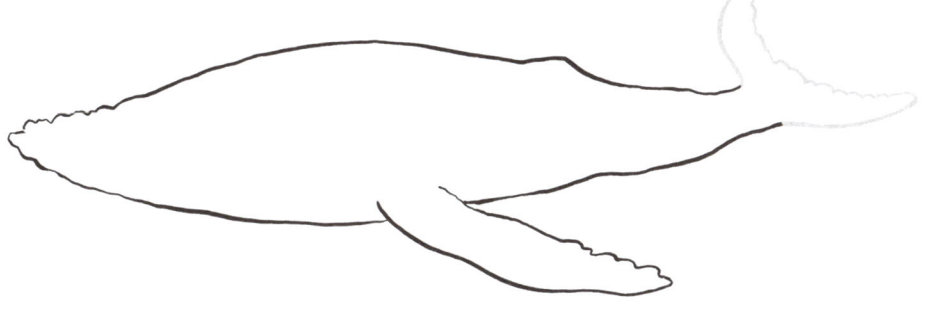

4 Zeichne eine Art Halbmond für den Schwanz. Die Linie auf der Innenseite ist hubbelig.

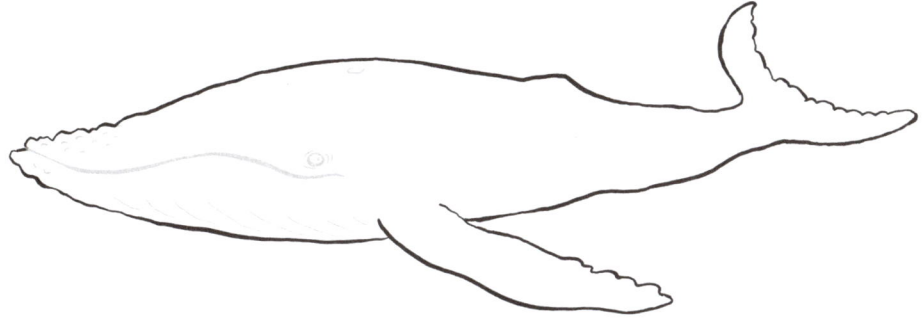

5 Jetzt hast du die Umrisslinie und kannst weitere Details ergänzen: ein Auge und eine Wellenlinie für das Maul. Dann zeichnest du Streifen auf den Bauch, ein Blasloch und ein paar Punkte auf die Nase.

Übung macht den Meister

Probiere bei deinen Bildern mal aus, welche Möglichkeiten es gibt, den großen Wal und die kleine Schnecke zusammen aufs Papier zu bringen.

Hier kannst du Wal und Schnecke noch einmal nachzeichnen.
Fahre die Linien nach.

Und hier ist Platz für deinen Wal und deine Schnecke.
Schau dir die einzelnen Schritte unten an oder blättere zurück.
Die Walflosse, der Stein und das Schneckenhaus sind schon vorgezeichnet.

Meerestiere

Ich habe mir auch andere Meeresbewohner angeschaut, denen der Wal und die Schnecke in der Geschichte begegnen könnten.

Die Schnecke und der Wal treffen viele Meerestiere. Lass die Wasserwelt mit vielen bunten Meerestieren lebendig werden.

Hier ein paar Anregungen:

RIESE RICK macht sich schick

Dieses Buch hat mir besonders viel Spaß gemacht, weil ich eine Welt zeichnen konnte, in der Riesen, Tiere, Menschen und Märchengestalten zusammenleben, als wäre es ganz normal! Ich beschloss, dass die Tiere Kleider tragen und Menschensachen machen sollten.

Mit einer einfachen Szene fing ich an, um mir klarzumachen, wie die Bilder aufgebaut sind und welche Figuren man im Hintergrund sieht. Nach der Kolorierung habe ich noch weitere Details hinzugefügt, etwa Graffiti an der Hauswand.

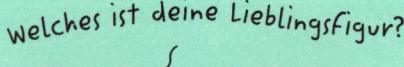

welches ist deine Lieblingsfigur?

Auf den Bildern unten kannst du verschiedene Figuren aus der Geschichte finden.
Entdeckst du sie alle?

- Die Maus, die ein Kaninchen zeichnet
- Den Kater mit dem grünen Federhut
- Das zeitunglesende Eichhörnchen
- Den Zwerg mit dem weißen Bart

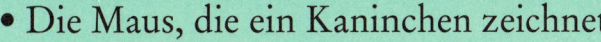

Die Bilder unten zeigen dir Schritt für Schritt, wie du den Riesen Rick mit seinem Lieblingshemd und seinen Lieblingssandalen zeichnest. Fahre die grauen Linien nach.

1 Beginne mit Ricks Nase. Sie ist etwa C-förmig. Lasse ausreichend Platz für den Körper.

2 Dann zeichne Mund und Kinn so, dass die Linien der Nasenlinie folgen.

3 Füge Stirn und Hinterkopf hinzu. Und ein kleines Ohr.

4 Nun bekommt Rick viele struppige Haare und zwei Augen.

5 Zeichne dann einen Kragen und darunter ein kleines Rechteck mit zwei Knöpfen.

6 Zwei geschwungene Linien auf jeder Seite für Schultern und Arme.

7 Nun zeichnest du die Hände. Links fügst du eine Linie hinzu, so dass man Ricks Handfläche sieht.

8 Ricks Hemd zeichnest du weiter, indem du die Linien aus Schritt 6 verlängerst.

9 Am unteren Ende und an den Ärmeln kannst du dem Hemd mit Zickzacklinien einen ausgefransten Saum geben.

10 Zeichne Ricks Beine. Mit kleinen Strichen werden sie haarig.

11 Sandalen sind schwierig! Fang mit der rechten Sandale an und zeichne dafür zwei Striche.

12 Dann füge die Riemen hinzu. Sie umschließen Ricks Fuß und sollten etwas gebogen sein.

13 Nun noch ein Riemen über den Fuß. Dann kommen Schnalle, Ferse und Zehen.

14 Zeichne alles genauso für die zweite Sandale, nur ohne die Schnalle.

15 Wie wäre es jetzt noch mit einem Muster auf dem Hemd?

16 Und zum Schluss noch ein paar Flicken, damit das Hemd schön alt aussieht.

Übung macht den Meister

Ricks Hemd ist im Buch braun, grün und grau, damit es alt und zerschlissen wirkt. Vielleicht hat dein Hemd ganz andere Farben?

Tipp!

Du kannst auch ganz andere Schuhe zeichnen, wenn dir Riese Ricks Sandalen zu kompliziert sind!

Und hier ist Platz für deinen Riesen Rick. Die Bilder am Rand helfen dir weiter, oder du blätterst zurück. Die Nase ist schon vorgezeichnet.

Der schicke Rick

Ricks neue Kleider mussten natürlich ganz anders aussehen als sein altes Lieblingshemd. Deshalb habe ich ordentliche Muster und leuchtende Farben gewählt, damit alles neu und sauber aussieht.

Zeichne die schicken Kleider nach, die Rick den Tieren schenkt. Was könnten die Tiere damit machen?

Mal die schicken Sachen an, wie du magst!

Das Mäusehaus

Riese Rick schenkt seinen Schuh einer Mäusefamilie, die ein neues
Haus braucht. Zeichne einen schicken Schuh und male ihn an.
Wie viele Mäuse haben darin Platz?

Der liebste Rick!

Die Tiere schenken Rick eine Krone, weil er so ein netter Riese ist. Du kannst seine Krone verzieren – wie wäre es mit glitzernden Edelsteinen, Mustern oder Farben?

FÜR RICK

Und jetzt zeichne Rick passend zu seiner
Krone ein paar nagelneue Kleider.

TiPP!

Wenn dir nichts einfällt,
überleg mal, was du selber
gerne anziehen würdest –
einen Königsmantel, eine
Latzhose oder ein Tutu?

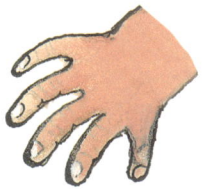

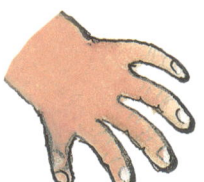

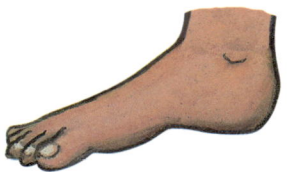

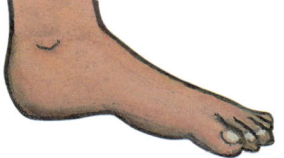

Der Buchumschlag

Das Buchcover für *Riese Rick* war gar nicht so einfach. Wie sollte ich den Riesen zeigen und zugleich die anderen Figuren, die viel kleiner sind? Hier sind meine Entwürfe für die englische Originalausgabe.

In meinem ersten Entwurf war hinter Ricks Riesenfüßen eine Backsteinmauer im Hintergrund.

Ich habe die Mauer so gezeichnet, dass sie auf der Rückseite des Buchs weitergeht, und sie mit Kritzeleien verziert. Erkennst du jemanden?

Ein anderer Entwurf zeigte die Stadt im Hintergrund.

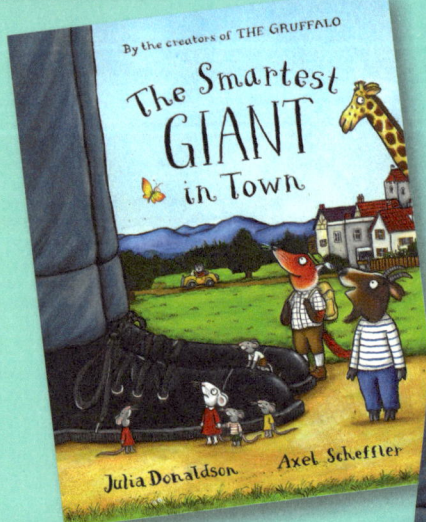

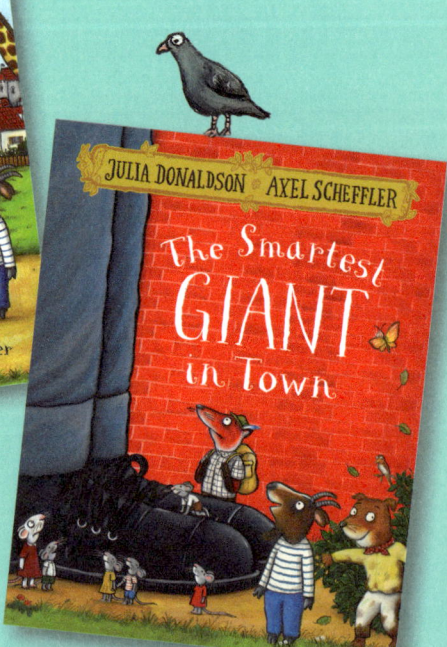

Letztlich kamen beide Versionen zum Einsatz. Welche gefällt dir besser?

Jetzt bist du dran! Entwirf dein eigenes Cover für *Riese Rick macht sich schick*.

Tipp!
Vergiss Titel, Autor und Illustrator nicht!

Mein Haus ist zu eng und zu klein

Das war mein erstes Bilderbuch Bilderbuch, das ich mit Julia Donaldson gemacht habe. Der Großteil der Geschichte spielt in einem Haus, das Oma Agathe viel zu klein findet.

Fahre die Linien nach und füge deine eigenen Details hinzu.
Wie viele Fenster hat das Haus? Welche Farbe hat die Tür?

Wenn ich eine neue Bilderbuchgeschichte lese, fange ich sofort an, die Hauptfigur zu entwerfen. Manchmal sind diese ersten Entwürfe schon nah an der Figur, die man später im Buch sieht. Manchmal sehen sie aber auch ganz anders aus ...

Hier meine ersten Skizzen von Oma Agathe.

Am Anfang hatte sie ...

... ein spitzes Kinn.

... und eine lange Nase.

Aber am Ende habe ich versucht, sie nett und rundlich zu machen – richtig knuddelig!

Die Bilder unten zeigen dir, wie du Oma Agathe Schritt für Schritt zeichnest. Fahre die grauen Linien nach.

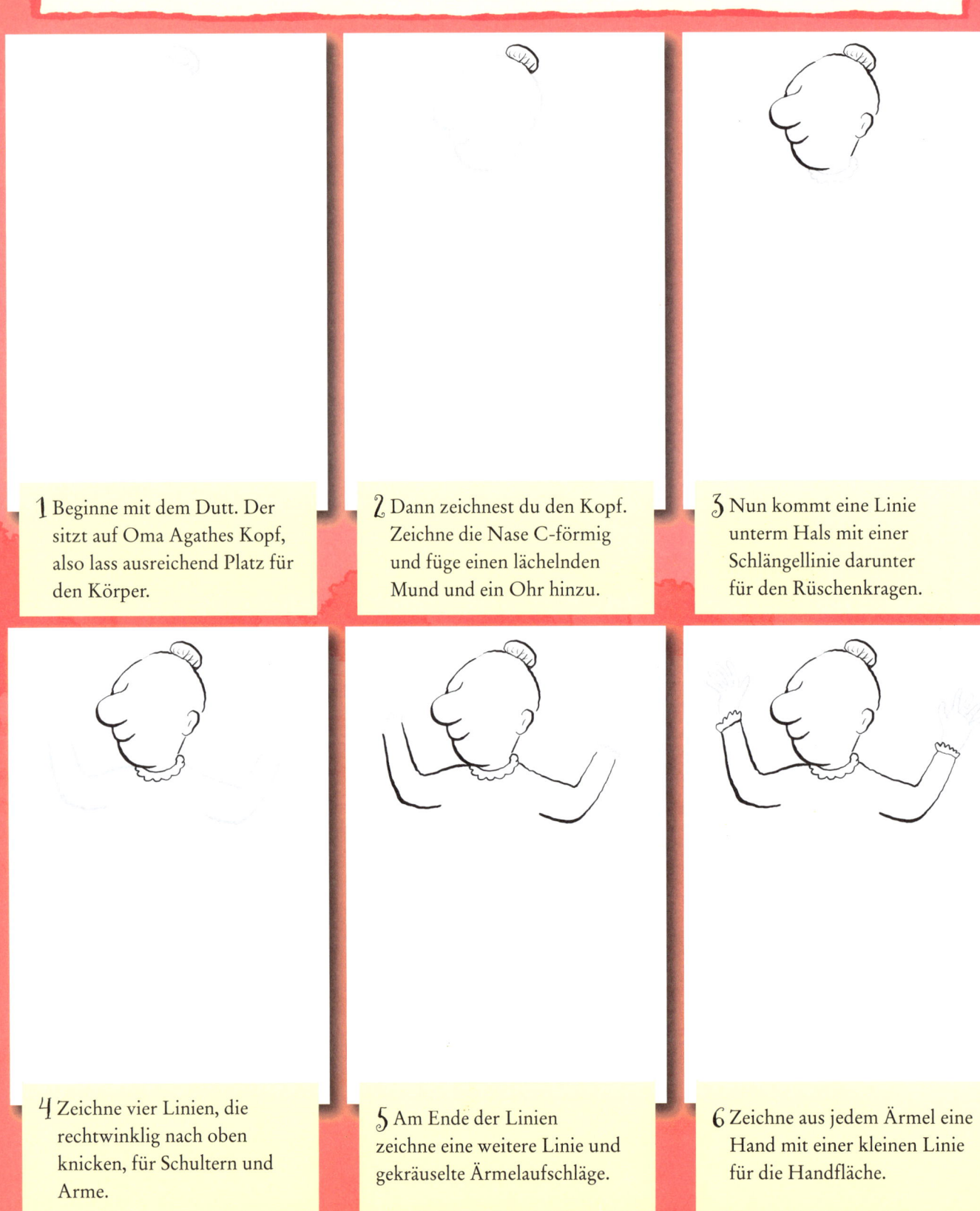

1 Beginne mit dem Dutt. Der sitzt auf Oma Agathes Kopf, also lass ausreichend Platz für den Körper.

2 Dann zeichnest du den Kopf. Zeichne die Nase C-förmig und füge einen lächelnden Mund und ein Ohr hinzu.

3 Nun kommt eine Linie unterm Hals mit einer Schlängellinie darunter für den Rüschenkragen.

4 Zeichne vier Linien, die rechtwinklig nach oben knicken, für Schultern und Arme.

5 Am Ende der Linien zeichne eine weitere Linie und gekräuselte Ärmelaufschläge.

6 Zeichne aus jedem Ärmel eine Hand mit einer kleinen Linie für die Handfläche.

Diese Oma Agathe sieht viel netter aus!

7 Ziehe Oma Agathe eine Schürze an. Vergiss nicht das Band um die Taille!

8 Jetzt ist das Kleid dran. Es sollte etwas länger als die Schürze sein.

9 Und jetzt die Beine. Zeichne eines angewinkelt, damit es aussieht, als ob sie tanzt.

10 Zeichne ans Ende jedes Beins einen Stiefel - wie Socken mit kleinen Absätzen.

11 Und jetzt die Details: Streifen für die Strümpfe und Schnürsenkel für die Stiefel.

12 Zuletzt das Gesicht: Augen, Augenbrauen und Haare.

Hier kannst du noch einmal die ganze Oma Agathe zeichnen.
Fahre die grauen Linien nach.

Und jetzt zeichne deine eigene Oma Agathe. Schau dir die
Schritte rechts an oder blättere zurück, wenn du Hilfe brauchst.
Der Dutt ist schon vorgezeichnet.

Ein leerer Vorratsschrank

Als Oma Agathe die Tiere zu sich ins Haus holt, fressen sie ihren Vorratsschrank leer. Der sieht jetzt wirklich sehr leer aus! Kannst du ihn wieder auffüllen und ganz viele leckere Sachen auf die Bretter malen?

Tierisches Durcheinander

Diese vier Tiere holt Oma Agathe ins Haus.
Male sie an, damit sie lebendig werden.

Kannst du dir vorstellen, mit so vielen Tieren
in einem Haus zusammenzuleben?

Wo ist Mami?

Ich habe sehr viele Affen in mein Skizzenbuch gezeichnet, bevor mir klar war, wie der kleine Affe aussehen soll, der seine Mami verloren hat.

Wie viele unterschiedliche Affen siehst du?

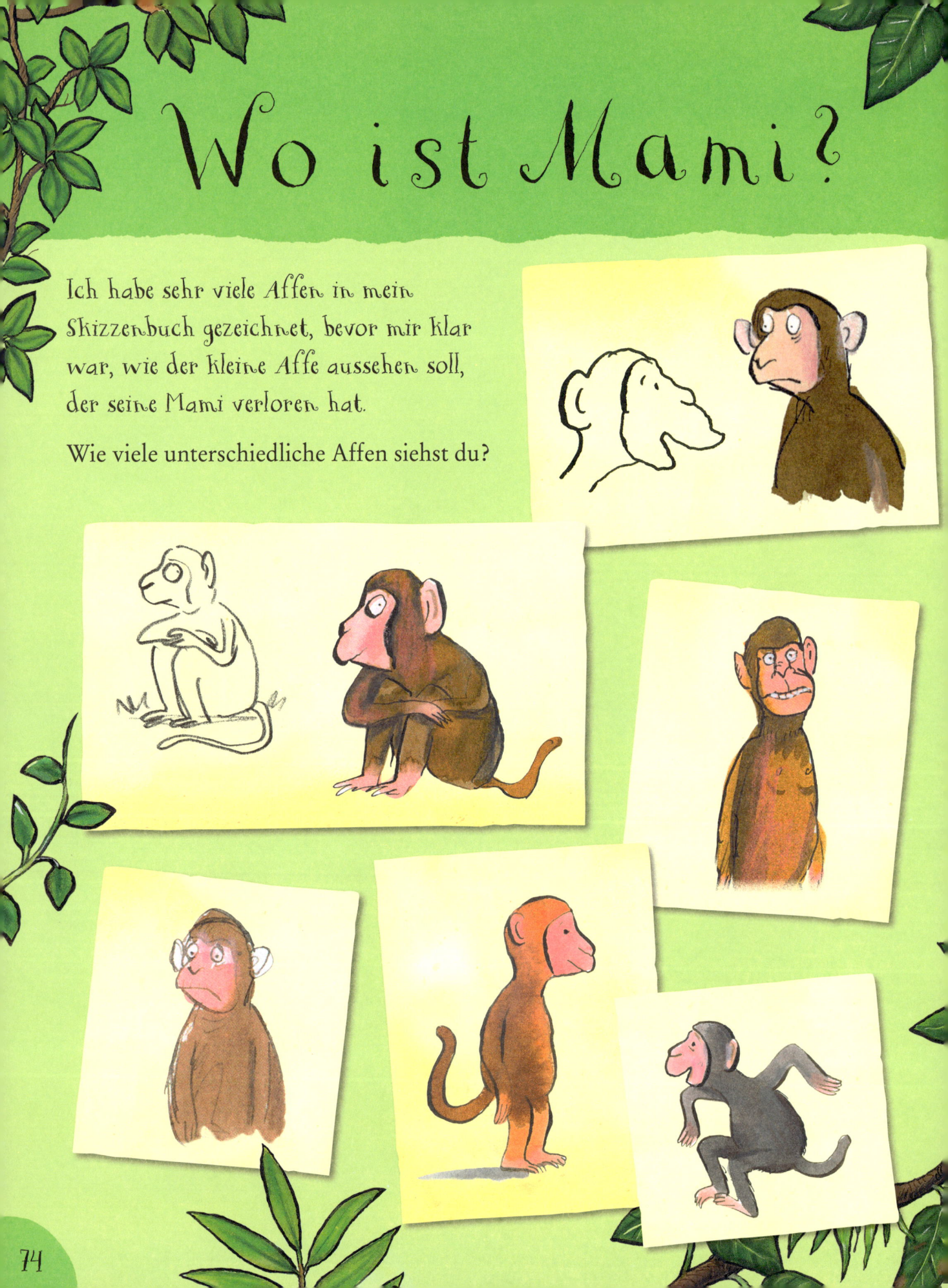

Ich habe auch viele verschiedene Schmetterlinge gezeichnet, bevor ich auf den kam, den du im Bilderbuch siehst.

Ich bin der aus dem Buch!

Kannst du dem Schmetterling seinen zweiten Flügel zeichnen?
Am besten so, dass er zu dem anderen Flügel passt.

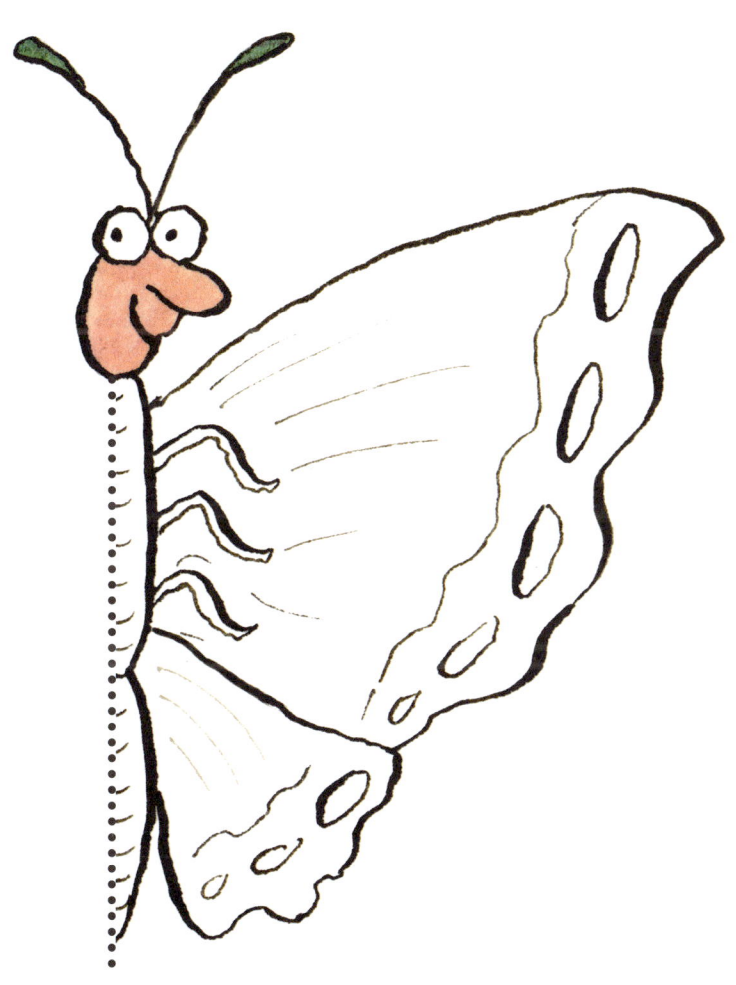

Die Bilder unten zeigen dir Schritt für Schritt, wie du das Affenkind zeichnest. Fahre die grauen Linien nach.

1 Beginne mit dem Gesicht. Zeichne die lange Nase, den breiten, lächelnden Mund und das Kinn.

2 Füge Augen und Augenbrauen hinzu. Ergänze eine kleine Linie unter dem linken Auge.

3 Nun kommt der Haaransatz. Mach viele Ministriche, damit er pelzig aussieht.

4 Zeichne Kopf und Hals. Gib ihm ein C-förmiges Ohr.

5 Nun zeichnest du den langen, runden Bauch und zwei Arme. Lass eine Lücke für die Beine.

6 Zeichne die Hände. Die Finger müssen nicht perfekt sein!

7 Als Nächstes zeichnest du vier Linien für die Beine. Eins der Beine schließt an die Lücke aus Schritt 5 an.

8 Zeichne an jedes Bein einen Fuß. Die Oberseite darf gerne pelzig sein.

9 Jetzt bekommt der Affe noch einen langen, flauschigen Schwanz, der leicht geschwungen ist.

10 Zuletzt zeichnest du viele kleine Striche für das Fell.

Tipp!
Denk dran: Tiere in Bilderbüchern müssen nicht exakt so aussehen wie Tiere in der Natur!

Hier kannst du noch einmal das ganze Affenkind zeichnen.
Fahre die grauen Linien nach.

Und jetzt zeichne dein eigenes Affenkind. Die Bilder rechts oder auf den letzten Seiten helfen dir dabei. Nase und Mund sind schon vorgezeichnet.

Dschungeltiere

Ich habe viele Muster gemacht und leuchtende Farben verwendet, um die Dschungeltiere lebendig werden zu lassen.

Auf der Suche nach seiner Mami treffen das Affenkind und der Schmetterling alle möglichen Tiere. Hier ist Platz für viele bunte Dschungeltiere.

Wie wär's mit ein paar Blumen?

Siehst du die Affenmami?

Hier ein paar Ideen:

Das Lieblingsbuch von Benni Stern

Diese Geschichte ist ziemlich ungewöhnlich, denn es geht um einen Jungen, der ein Buch liest, in dem jemand ein Buch liest, in dem jemand ein Buch liest, in dem jemand ein Buch liest ... Deshalb ist die Herausforderung groß, jedes Buch ganz anders zu gestalten.

Male Umschlagbilder für Bennis Bücher. Wie werden sie so unterschiedlich wie möglich?

UNGLAUBLICHE VOGELGESCHICHTEN

welche farben
nimmst du?

MÄRCHEN
VON EINER VERGESSENEN INSEL

Malst du auch die
Hauptfiguren drauf?

Damit jedes Buch genau richtig aussieht, musste ich einige Szenen viele Male zeichnen. Dabei habe ich zum Beispiel die Figuren im Vorder- oder Hintergrund geändert.

Entdeckst du die Unterschiede auf den Bildern des königlichen Geburtstagskuchens?

Die Bilder unten zeigen dir Schritt für Schritt, wie du Benni Stern zeichnest. Fahre die grauen Linien nach.

1 Beginne mit der Nase. Dann zeichne einen lächelnden Mund und ein eckiges Kinn.

2 Nun das Gesicht. Zeichne Augen, Augenbrauen und ein kleines, C-förmiges Ohr.

3 Zeichne die Haare mit kleinen Strichen in unterschiedliche Richtungen.

4 Zeichne Bennis Hals, Schultern und Rücken und eine Linie für den Hemdsaum.

5 Nun kommt Bennis Arm und eine Linie über dem Saum.

6 Jetzt sind die Beine dran. Zeichne sie leicht gebeugt und versetzt, damit es aussieht, als ob er läuft.

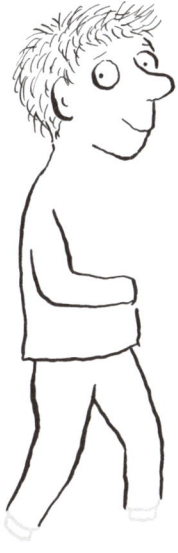

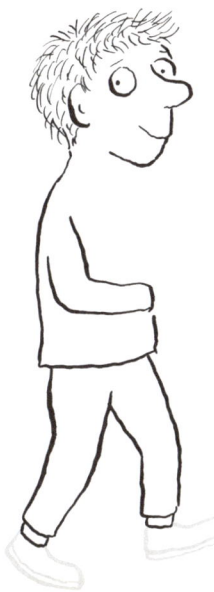

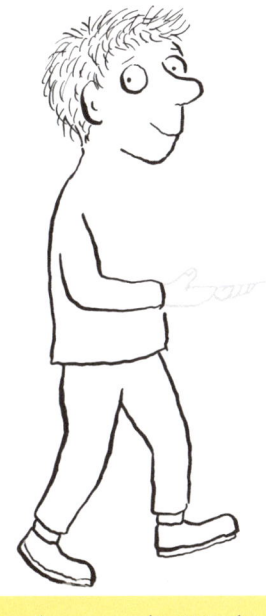

7 Ans Ende der Hosenbeine zeichnest du ein kleines Rechteck.

8 Dann die Schuhe. Vergiss nicht die Linie für die Sohlen.

9 Jetzt kommen die Hände – schwierig! Beginne mit dem Daumen. Benni trägt nämlich seine Bücher.

10 Nun zeichnest du einen Bücherstapel auf die Hand.

11 Zum Schluss die Details: Schnürsenkel, Hosennähte und Buchrücken.

Tipp!
Falls dein Bild von Benni Stern auf Seite 87 groß genug ist, kannst du den Büchern witzige Titel geben.

Hier kannst du noch einmal den ganzen Benni Stern zeichnen.
Fahre die grauen Linien nach.

Und hier ist Platz für deinen eigenen Benni Stern. Du kannst die Bilder unten zur Hilfe nehmen oder zurückblättern. Die Nase ist schon vorgezeichnet.

Wundersame Außerirdische

In Benni Sterns Buch *Eine Kindheit auf dem Lande* sieht ein kleines Mädchen ein Raumschiff mit Außerirdischen. Wie könnten die Außerirdischen aussehen? Lass deiner Fantasie freien Lauf oder lass dich von den Bildern unten inspirieren.

Haben deine Außerirdischen Schuppen oder rosa Fell?

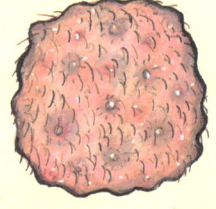

Haben deine Außerirdischen Entenfüße oder tapsige Pelzpfoten?

 Haben deine Außerirdischen drei Augen oder sogar Hörner?

Haben deine Außerirdischen ein rosa Ringelschwänzchen oder einen spitzen Hornschwanz?

Oder haben sie etwa grüne Haut und Augen auf Fühlern?

Vielleicht haben deine Außerirdischen Roboterarme? Oder riesige Fledermausflügel?

Hier ist Platz für deine Außerirdischen:

Ein Außerirdischer fühlt sich bestimmt einsam.
Mal am besten gleich die ganze Seite voll!

Eine Geschichte in einer Geschichte

In *Das Lieblingsbuch von Benni Stern* gibt es Märchen, Kuchenrezepte und sogar Zeitungen, sodass ich Bilder und Bildabfolge sehr genau planen musste.

Ein Bilderbuch plant man am besten mit einem Storyboard. Das ist ein bisschen wie ein Comic: Man zeichnet die ganze Geschichte in einer Reihe kleiner Vierecke vor, damit man auf einen Blick sieht, wie alles von Anfang bis Ende aussehen könnte. Dieses Storyboard habe ich für *Das Lieblingsbuch von Benni Stern* gezeichnet:

Hier ist Platz für dein Storyboard für Benni Sterns Buch *Auf schwankenden Planken*.
Lies die Geschichte in den ersten Kästchen und überleg dir, wie es weitergeht!

 # AUF SCHWANKENDEN PLANKEN

Sein Lieblingsbuch erzählte von einem Schiff in Not

und Seeräubern, die jagten den Käpt'n vom Unglücksboot.

Er schwamm zu einer Insel, durchwühlte Sand und Strand

Was hat er dort wohl gefunden?

Jetzt denk dir selbst eine Geschichte für
Benni Stern aus – ganz egal, worüber!
Zeichne sie in das Storyboard.
Die Fragen helfen dir dabei.

1 Wo spielt deine Geschichte?

2 Wer sind die Figuren?

3 Was machen sie?

4

5 Wem begegnen sie?

6

7 Wohin gehen sie?

8 Was passiert dann?

9

10 Wie endet die Geschichte?

Tipp!
Du kannst aus deinem Storyboard ein Mini-Buch machen, das mache ich auch manchmal.

MONKEY PUZZLE

The snail and The whale

Und zum Schluss ...
meine wichtigsten Tipps für dich:

Sei neugierig

Schau dir viele Bilderbücher, Gemälde und Fotos an. Finde heraus, welche Illustratoren du magst. Sei immer und überall offen für Anregungen und Ideen.

Sei kreativ

Probiere viele verschiedene Materialien aus: Wasserfarben, Buntstifte, Filzstifte, Bleistifte. Was gefällt dir am besten? Wie verändern sich dadurch die Bilder?

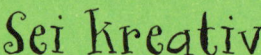

Üben, üben, üben

Zeichne viel! Etwas Neues zu lernen braucht Zeit – auch ich lerne immer noch dazu!

94

Meine Illustrationen ändern sich ständig. Heute zeichne ich viel detailreicher als zu Beginn meiner Laufbahn.

Hast du schon mal die versteckten Grüffelos in diesen beiden Büchern entdeckt?

Das Lieblingsbuch von Benni Stern

Die Schnecke und der Buckelwal

Wenn es nach mir ginge, würde ich eine Illustration nie als »fertig« betrachten, denn ich finde immer noch Dinge, die ich ändern oder verbessern möchte. Ein Glück, dass ich mich an Abgabefristen halten muss, sonst würden einige meiner Figuren, die du jetzt bestimmt auch zeichnen kannst, ganz anders aussehen!

Und wenn du dir in ein paar Jahren noch mal die Bilder anguckst, die du in diesem Buch gezeichnet hast, möchtest du vielleicht alles ganz anders machen – und das ist völlig in Ordnung! Als Illustrator geht es darum, immer neue Techniken zu lernen und neue Dinge auszuprobieren. Ich bin gespannt, welche Wesen du dir ausdenkst!

Axel Scheffler

Über die Schöpfer

JULIA DONALDSON hat einige der weltweit beliebtesten Bilderbücher geschrieben, darunter *Der Grüffelo* und *Die Schnecke und der Buckelwal,* und viele Auszeichnungen bekommen. Julia Donaldson und ihr Mann Malcolm leben in England zwischen Edinburgh und West Sussex.

AXEL SCHEFFLER ist der preisgekrönte Illustrator dieser berühmten Bilderbücher, allen voran *Der Grüffelo.* Seine warmherzigen, witzigen und unverkennbaren Illustrationen werden von Kindern auf der ganzen Welt geliebt. Axel Scheffler wurde in Deutschland geboren und lebt heute mit seiner Partnerin und seiner Tochter in London.

Julia Donaldson und Axel Scheffler erfinden seit über dreißig Jahren gemeinsam Geschichten. Ob der Grüffelo, der sich im Wald versteckt, oder die kleine Schnecke, die auf dem Schwanz des Buckelwals auf Weltreise geht – ihre Figuren haben die Fantasie und die Herzen ihrer Leserinnen und Leser auf der ganzen Welt erobert.